AF502664

La Guerre
au Vingtième Siècle
A Robida

LA GUERRE

AU VINGTIÈME SIÈCLE.

Coupe Michele 1935

LA GUERRE
au
Vingtième Siècle
A. Robida
PARIS
Georges Decaux éditeur

I

MOBILISATION

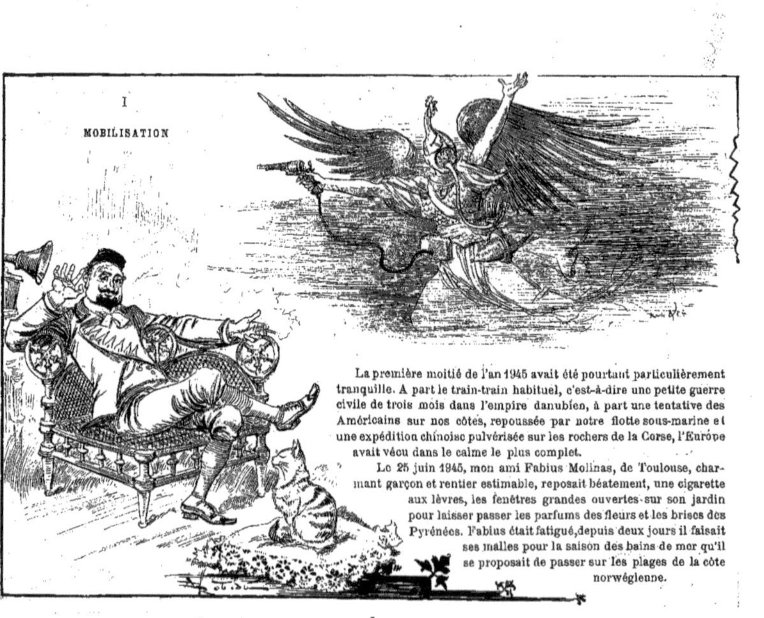

La première moitié de l'an 1945 avait été pourtant particulièrement tranquille. A part le train-train habituel, c'est-à-dire une petite guerre civile de trois mois dans l'empire danubien, à part une tentative des Américains sur nos côtes, repoussée par notre flotte sous-marine et une expédition chinoise pulvérisée sur les rochers de la Corse, l'Europe avait vécu dans le calme le plus complet.

Le 25 juin 1945, mon ami Fabius Molinas, de Toulouse, charmant garçon et rentier estimable, reposait béatement, une cigarette aux lèvres, les fenêtres grandes ouvertes sur son jardin pour laisser passer les parfums des fleurs et les brises des Pyrénées. Fabius était fatigué, depuis deux jours il faisait ses malles pour la saison des bains de mer qu'il se proposait de passer sur les plages de la côte norwégienne.

Molinas tout entier à ses préparatifs, n'avait guère eu le temps d'écouter les gazettes téléphoniques ; aussi fut-il surpris d'apprendre le 25 juin, par le Téléphone de midi, qu'un casus belli était né depuis deux jours et que l'horizon politique assez rose venait soudain de passer au noir intense. Ce qui semblait grave, c'est que le conflit était d'ordre purement financier, une question douanière qui touchait au vif tous les intérêts ; les affaires sont les affaires ; maintenant, chez les peuples civilisés, les traités de commerce s'imposent à coups de canon.

— Tiens ! tiens ! pensa Molinas, pourvu que ça ne dérange pas ma saison de bains de mer !

Comme il achevait sa cigarette, le téléphonographe parla :

« Ordre de mobilisation,

» Le sieur Molinas Fabius est versé comme » canonnier de 2ᵉ classe au 18ᵉ aérostiers » de la territoriale, 6ᵐᵉ escadrille. Il » rejoindra aujourd'hui à 5 heures l'aé- » ronef l'Epervier, à 3 200 mètres au- » dessus de Pontoise. »

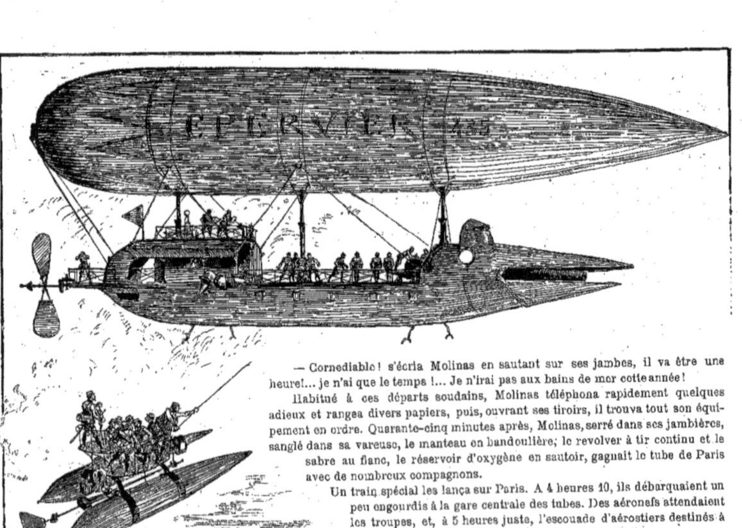

— Cornediable ! s'écria Molinas en sautant sur ses jambes, il va être une heure !... je n'ai que le temps !... Je n'irai pas aux bains de mer cette année !

Habitué à ces départs soudains, Molinas téléphona rapidement quelques adieux et rangea divers papiers, puis, ouvrant ses tiroirs, il trouva tout son équipement en ordre. Quarante-cinq minutes après, Molinas, serré dans ses jambières, sanglé dans sa vareuse, le manteau en bandoulière, le revolver à tir continu et le sabre au flanc, le réservoir d'oxygène en sautoir, gagnait le tube de Paris avec de nombreux compagnons.

Un train spécial les lança sur Paris. A 4 heures 10, ils débarquaient un peu engourdis à la gare centrale des tubes. Des aéronefs attendaient les troupes, et, à 5 heures juste, l'escouade d'aérostiers destinés à l'Epervier mettait le pied sur la plate-forme du ballon.

Le commandant de l'Épervier réunit ses hommes et leur
annonça en quelques mots vibrants de patriotisme que la guerre
devait être déclarée à minuit juste. L'équipage s'installa hâtivement. De temps en temps le commandant tirait sa montre.
Soudain sur un signal d'en bas, le lieutenant toucha un bou-
ton, le propulseur électrique entra en action et l'Épervier
s'élança en avant emportant mon ami Molinas vers la gloire.
Au jour levant, une odeur nauséabonde réveilla Molinas dans
son hamac, il monta sur le pont de l'Épervier qui filait à travers
un brouillard épais.

L'escadre croisait une division de brouillardiers volants
en train de couvrir la frontière
d'un brouillard opaque destiné à
dissimuler les opérations.

Fabius, penché sur le garde-corps de l'Épervier, rê-
vassait ; encore étourdi par la rapidité des événements,
il se croyait vaguement en route pour les bains de mer.
— Ai-je emporté mes costumes de bain ?
Cornediable ! il n'y a que les maillots faits sur
mesure qui aient
de la grâce...

Un coup de canon tiré presque à son oreille le ramena brutalement
au sentiment de la réalité. Fabius ouvrit les yeux, à 600 mètres apparais-
sait un corps de blockhaus roulants ennemis arrêtés dans leur marche
par le brouillard. Le sifflet de l'ingénieur appela tous les hommes de
l'Épervier à leurs postes; l'escadrille se développait rapidement, des for-
mes de ballons passaient, s'en allant prendre en flanc et en queue le corps
ennemi qui déjà mettait à tous risques ses propulseurs électriques à grande allure pour forcer le passage. L'Épervier et
cinq autres aéronefs avaient engagé le combat en tête à courte
distance.

Fabius, deuxième servant de gauche, passait les gargousses
au chargeur sans rien voir du combat; tout à coup une boîte à
mitraille pénétrant par l'embrasure mit hors de combat le chef
de pièce et tous les servants, sauf Fabius. Celui-ci sans hésiter,
sautant sur la pièce chargée, pointa longuement avec le plus grand
sang-froid et tira. Une explosion formidable suivit son coup de
canon, le blockhaus visé sautait.

Le brouillard peu à peu se dissipait et la bataille apparais-
sait dans toute son horreur. Une douzaine de

blockhaus étaient déjà détruits, d'autres se défendaient plus mollement, mais deux aéronefs gisaient à terre sur les débris fumants.

Atteinte par des avaries graves, l'aéronef l'Épervier se laissa tomber à pic sur un groupe de blockhaus dont l'équipage décimé dut mettre bas les armes.

Tout est fini : seuls quelques blockhaus ont pu s'échapper et trouver un refuge dans une forêt où les aéronefs sont bien forcés de les laisser. Les équipages de l'Épervier et des quelques aéronefs hors de combat furent répartis sur les blockhaus pris, et lancés en avant. Fabius ayant pour sa belle conduite été nommé sous-ingénieur, reçut le commandement du blockhaus d'avant-garde.

A toute vitesse! Vers 9 heures du matin le blockhaus lancé comme s'il était poursuivi, pénétra sans difficulté dans les ouvrages d'une place forte gardée par une brigade de territoriale féminine ennemie, convoquée pour relever l'armée de 1re et de 2e ligne comprenant tous les hommes de 17 à 50

ans. Terrible surprise pour ces guerrières inexpérimentées. En un clin d'œil elles furent désarmées et la ville prise.

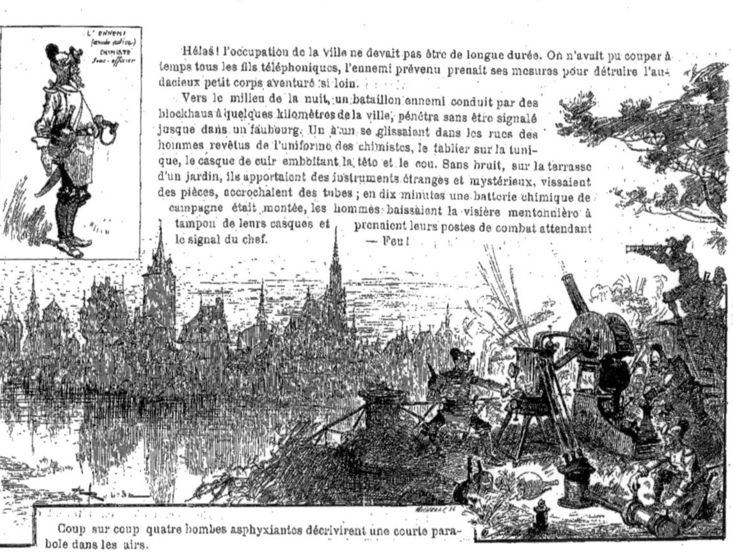

Hélas ! l'occupation de la ville ne devait pas être de longue durée. On n'avait pu couper à temps tous les fils téléphoniques, l'ennemi prévenu prenait ses mesures pour détruire l'audacieux petit corps aventuré si loin.

Vers le milieu de la nuit, un bataillon ennemi conduit par des blockhaus à quelques kilomètres de la ville, pénétra sans être signalé jusque dans un faubourg. Un à un se glissaient dans les rues des hommes revêtus de l'uniforme des chimistes, le tablier sur la tunique, le casque de cuir emboîtant la tête et le cou. Sans bruit, sur la terrasse d'un jardin, ils apportaient des instruments étranges et mystérieux, vissaient des pièces, accrochaient des tubes ; en dix minutes une batterie chimique de campagne était montée, les hommes baissaient la visière mentonnière à tampon de leurs casques et prenaient leurs postes de combat attendant le signal du chef. — Feu !

Coup sur coup quatre bombes asphyxiantes décrivirent une courte parabole dans les airs.

III

LA VILLE SURPRISE

Autour des feux de bivac, les compagnons de Fabius étaient campés. Une vedette ayant aperçu des ombres suspectes allait donner l'alarme lorsque la première bombe s'éleva dans un nuage verdâtre. Un grand cri, un peu de fumée... Trois autres bombes suivirent. Puis un grand silence se fit. Les feux de bivac s'étaient éteints, tout était mort, même les malheureux habitants restés en ville, soudainement as-

phyxiés dans leurs demeures ! Ce sont là des accidents de guerre auxquels, depuis les dernières conquêtes de la science, tous les esprits sont habitués.

Par un hasard providentiel, Fabius, affamé et altéré, étant descendu dans les caves pour une réquisition, pénétrait au moment de l'explosion dans un caveau soigneusement fermé et sans communication avec l'air extérieur. Échappant à l'asphyxie, seul de tous ses compagnons, il resta évanoui pendant trente-six heures sans boire ni manger !

Pendant ce temps, le général commandant son corps d'armée apprenait la re-
prise de la ville par l'ennemi, et lançait
quelques torpédistes aériens du modèle
1944 à longue portée.

Les torpédistes embusqués dans les cyrrhus et nimbus
à 3 000 mètres de hauteur, laissèrent les premières ombres du soir
descendre sur la ville, puis, actionnant leurs propulseurs, ils se
précipitèrent des hauteurs du ciel et, parvenus à bonne distance, lan-
cèrent leurs terribles torpilles. Subitement la ville arrachée de ses fonda-
tions se boursoufla, craqua et sauta en l'air.

Par bonheur Molinas, avec un certain nombre d'objets légers, traversa, toujours évanoui, l'espace assez vite pour échapper au jet de flammes, et il sortit brusquement de son évanouissement à peine roussi et porté pour ainsi dire par une colonne de fumée. Il se raccrocha fébrilement à un objet que sa main rencontra : c'était une girouette lancée avec lui dans l'air. Le mou-

vement ascensionnel s'étant arrêté, Molinas sentit qu'il commençait à descendre. C'était le moment inquiétant. Trente secondes après, il fut saisi par une brusque sensation de fraîcheur.

IV

LE CORPS MÉDICAL OFFENSIF

Après être resté quelques instants évanoui au fond de l'eau, Molinas finit par se retrouver, très étourdi et ahuri, en train de nager à la surface d'un fleuve. Il fila droit à la rive où il put se cacher dans une

touffe de roseaux. Vers le soir, des chimistes ennemis se donnèrent le plaisir d'un bain. Molinas
sortit du fleuve, s'empara de l'uniforme de l'un d'eux et se joignit à une patrouille rentrant dans
un fort à coupole. Un sous-officier le mit en faction dans une grande salle où le corps médical
offensif, composé d'ingénieurs chimistes, médecins et apothicaires, discutait les dernières
mesures à prendre pour faire éclater sous les pas de l'armée française douze mines chargées des
miasmes concentrés et des microbes de la fièvre maligne, du farcin, de la dyssenterie, de
la rougeole, de l'odontalgie aiguë et autres maladies.

Les mines étaient préparées, des caissons allaient emporter les obus
de zinc chargés de miasmes et les boîtes à microbes nécessaires.....

Mais Fabius, grâce à sa connaissance de la langue, a tout compris. Une
résolution sublime enflamme son cœur, il se dévoue au salut

de l'armée, il épaule rapidement son fusil à répétition et tire toute sa provision de balles dans le grand réservoir à miasmes et produits chimiques......

Épouvantable, effroyable, l'explosion qui suit les coups de fusil de l'héroïque Molinas !!!

Tout saute, réservoir, caissons, obus ! La déflagration de tous ces miasmes concentrés et comprimés s'opère avec une violence inouïe, d'épaisses colonnes de vapeurs tourbillonnent, roulent, filent par toutes les sorties, se répandent par les plaines et se fondent dans l'atmosphère, emportant avec elles des odeurs sans nom et

d'innombrables fer-
ments de maladie.

Tout s'est écroulé dans la salle du conseil, généraux, officiers, ingénieurs chimistes, médecins, soldats, tous sont tombés subitement et se tordent sur le sol, en proie à toutes les maladies déchaînées par l'action de Molinas. Des épidémies s'abattent sur l'armée ennemie et portent leurs ravages en trois minutes dans un rayon de quinze lieues. Grâce au tampon de son casque de chimiste, Fabius, qui avait fait le sacrifice de sa vie, en est quitte pour une formidable rage de dents.

L'armée française par bonheur échappa à la contagion. Un ingénieur microbiste du corps médical offensif français, de garde aux extrèmes avant-postes, comprit aux roulements lointains de l'explosion l'accident arrivé à l'ennemi, et téléphona au général qui fit avancer toutes les batteries chimiques disponibles pour couvrir le front de l'armée d'un brouillard isolateur. Ainsi débarrassé de l'ennemi qui menaçait sa gauche, le général, à l'abri du brouillard, abandonna la région contaminée et, par un brusque mouvement demi-tournant, se rabattit sur les corps ennemis manœuvrant sur sa droite. Molinas, toujours en proie à sa rage de dents, rejoignit alors l'armée et fit son rapport au général.

Accablé de félicitations par le général, embrassé par tout l'Etat-Major, décoré, porté à l'ordre du jour, Molinas sentit enfin ses douleurs se calmer.

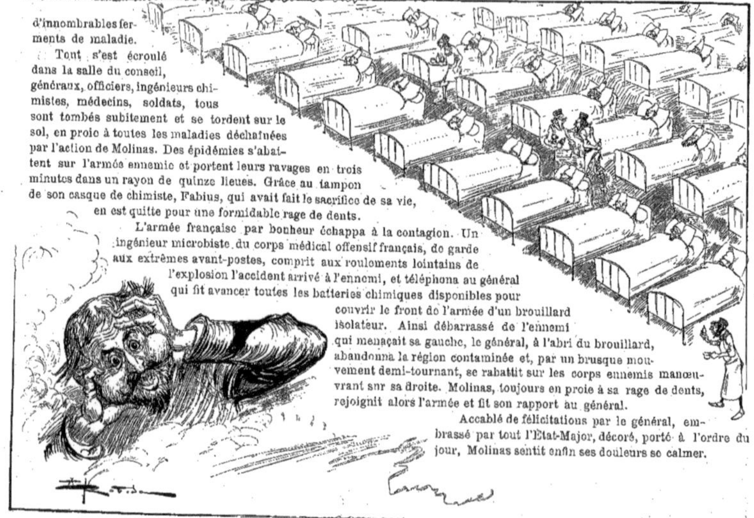

Il n'en conserva pas moins une fâcheuse tendance à l'odontalgie et dut peu après s'offrir un râtelier complet.

Disons tout de suite que les hôpitaux ennemis eurent à soigner 179 549 malades civils et militaires, et que, du mélange de tous les miasmes, naquit une maladie remarquable et absolument nouvelle. Cultivée par les médecins de l'Europe entière, elle est aujourd'hui connue sous le nom de fièvre molineuse, du nom de son inventeur, et l'endroit où elle prit naissance est resté fort insalubre.

V

OPÉRATIONS DE SIÈGE. — POMPISTES ET MÉDIUMS

En récompense de son admirable conduite, Fabius Molinas fut nommé sous-lieutenant de mitrailleurs pompistes. Ce corps, de nouvelle formation, est une sorte d'artillerie extrêmement mobile qui peut se porter rapidement sur tous les points et couvrir instantanément d'un feu violent les positions inaccessibles à l'artillerie ordinaire. Molinas eut d'abord quatre pompes sous ses ordres, manœuvrées chacune par cinq hommes. Dans la première affaire, chaudement disputée, Molinas, cramponné avec ses pompistes dans les ruines d'une maison, soutint quatre attaques successives, ses hommes furent renouvelés trois fois, lui seul sortit sans blessures du champ de carnage. Le soir même, il fut promu au grade de lieutenant.

La région dans laquelle opérait l'armée était semée de lignes de torpilles, reliées par des fils, de mines et de forts à coupoles habilement dissimulés. On ne marchait qu'avec précaution, les électriciens et les médiums en avant pour éventer les mines et faire sauter les torpilles ennemies. La division d'aérostiers étant occupée ailleurs, on ne pouvait songer à dynamiter les forts à coupoles par en haut, il fallut procéder à des sièges réguliers. Le lieutenant de pompistes Molinas assista au siège d'un groupe de forts. La grosse artillerie, par une série de coups heureux, ayant réussi à démonter ou enrayer le mécanisme qui faisait mouvoir les coupoles, les colonnes d'assaut furent lancées et descendirent dans les coupoles par les brèches.

L'armée, ayant enlevé les coupoles de première ligne, se préparait au siège d'une importante ville forte. Le général, après avoir simulé sur un autre point une fausse attaque, fit, par une nuit obscure, avancer une escouade de médiums de la réserve. Placés à sa disposition par le ministre de sciences, ces médiums, les plus forts magnétiseurs et suggestionnistes de Paris, d'après les savants, marchaient lentement vers les lignes ennemies en dégageant des torrents de fluide par des passes énergiques. Minute d'anxiété terrible! Les grand'gardes ennemies allaient-elles tirer, ou bien, domptées par le fluide, laisseraient-elles passer les médiums?...

Un profond silence continue à régner, les médiums s'avancent toujours, ils ont passé les lignes ; une colonne de troupes les suit, cette colonne trouve d'abord quelques vedettes et des petits postes en catalepsie, puis toute la garnison d'une redoute couchée sur le sol, raidie par le sommeil magnétique.

Le général, prévenu par le téléphone, fait filer des troupes, il accourt occuper la redoute conquise ainsi sans coup férir.

Les médiums sont tombés épuisés, il leur faut ab-

solument deux heures de repos. Grave danger! L'ennemi
pourrait accabler la redoute de gaz asphyxiants avant
qu'elle ne fût mise en état de défense. Mais l'ennemi ne
se doute de rien et ses canons restent muets.

   Enfin aux premières lueurs de l'aube, les médiums
ayant retrouvé leur énergie reprennent leurs passés.
Après des efforts terribles de volonté, après avoir
perdu trois hypnotiseurs par des transports au
cerveau, le chef médium réussit à amener par
suggestion magnétique le comman-
dant des forts du front sud de la
ville à capituler.

VI. — LA BATTERIE DES CHIMISTES SANS PEUR

Tous pas n'était fini. Les médiums, après un repos bien gagné, devaient tourner leurs efforts vers le corps de la place. Ils commencèrent leurs opérations le soir même; par malheur, dans leur hâte de s'avancer, ils négligèrent d'éventer les torpilles dont le terrain pouvait être semé, et toute l'escouade fut pulvérisée par l'explosion d'une mine que les passes magnétiques firent éclater sous leurs pas.

Il fallut reveniraux opérations régulières. Le général, pendant la nuit fit élever sous une pluie de projectiles de toutes sortes

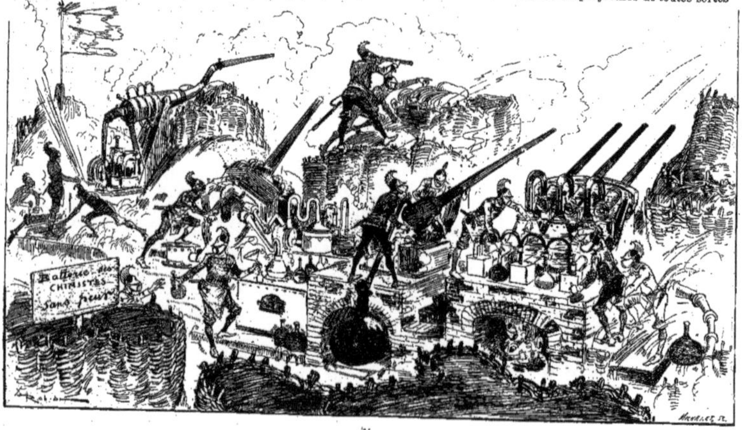

une grande batterie chimique de siège. Spectacle d'une sublime horreur! Dans l'air embrasé par des flamboiements rouges, verts, violets, jaunes ou bleus, traversé par des fulgurances soudaines, par de grands jets de flammes, se croisaient des milliers d'obus, boîtes ou bonbonnes chimiques, éclatant avec des projections de gaz et de fumées de toutes les couleurs; Les chimistes ennemis aussi étaient à l'œuvre, ce fut entre les deux corps savants un duel épique. Ils démasquèrent le jour même deux batteries qui accablèrent la nôtre de bombes à gaz paralysants. Nos hommes tombaient sur leurs pièces paralysés ou atteints de catalepsie mortelle. On leur répondit par des obus à miasmes produisant d'épouvantables attaques d'épilepsie. Mais les obus asphyxiants pleuvaient comme la grêle dans nos lignes, ainsi que des boîtes contenant les microbes de la gale chimique, superbe trouvaille d'un illustre savant ennemi. Nos chimistes souffraient horriblement, lorsqu'enfin l'un de nos ingénieurs inventa les bonbonnes à rosée corrosive (production du vitriol dans l'atmosphère, médaille Académie des sciences), qui détruisirent les batteries ennemies en une nuit.

Sur ces entrefaites, on apprit que la flotte sous-marine ennemie se préparait à quitter son port d'attache pour une destination inconnue, avec l'intention soit de ravager nos ports, soit d'opérer un débarquement sur un point quelconque de nos côtes. Un éclaireur, aventuré dans les eaux ennemies, avait pu compter les magnifiques moniteurs sous-marins de cette flotte, les Ravageurs cuirassés à grande vitesse, les Torpilleurs nageant et évoluant sous les flots avec une remarquable vélocité. La

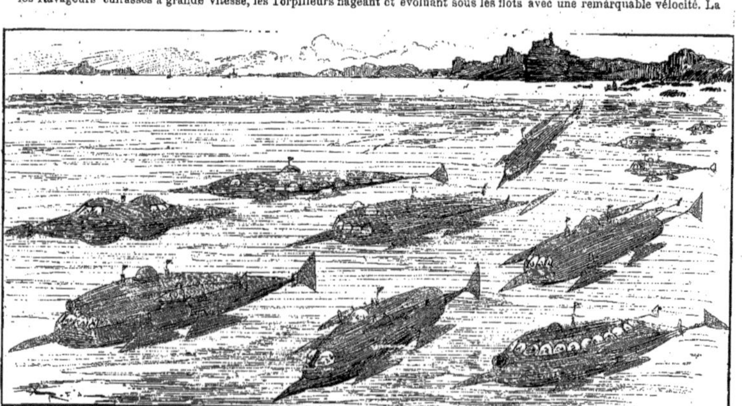

flotte française; aussi nombreuse et non moins belle, croisait au large portant l'infanterie sous-marine avec
un corps de débarquement. Le plan de l'ingénieur amiral était de tomber sur la flotte ennemie au passage, de la détruire, pour se porter ensuite sur les ports ennemis.

Fabius Molinas reçut l'ordre de rejoindre la flotte française; en raison de ses brillants services, il fut
détaché à la marine en qualité d'ingénieur-torpédiste, et fortement recommandé à l'amiral, qui lui confia le
commandement du *Cyanure de Potassium*, torpilleur sous-marin de construction toute nouvelle.

Fabius gagna rapidement son port d'embarquement et prit son commandement. Le *Cyanure de Potassium*, de dimensions très restreintes, portant seulement six hommes, était un de ces petits torpilleurs
pisciformes fins et déliés, destinés aux rapides coups de main en même temps qu'aux
explorations difficiles, un de ces terribles myrmidons de la mer qui se glissent ina-
perçus entre deux eaux et viennent par en dessous planter leurs torpilles dans la
coque des gros monitors.

VII

LE TORPILLEUR SOUS-MARIN

LE CYANURE DE POTASSIUM

— Vous êtes un lapin à terre, avait dit
l'amiral à Molinas en lui confiant son torpilleur, montrez que vous conservez dans
l'eau toutes vos qualités.

— Cornediable ! Vous verrez ça, et l'ennemi aussi !
avait modestement répondu Molinas.

Rasant presque le fond de la mer, se confondant avec les
roches couvertes de varechs, le *Cyanure de Potassium* poussa une pointe en avant. En deux jours de marche, il atteignit les
eaux ennemies et donna presque du nez dans les lignes de torpilles défendant les côtes. En soixante-douze heures, pendant les-
quelles lui et ses hommes ne prirent pas une seconde de repos, Molinas parvint à décrocher les torpilles de trois chapelets d'une

étendue de plus de vingt lieues chacun. Prenant soin de ne couper
aucun fil pour laisser croire à l'ennemi que ses défenses restaient
intactes, il vida toutes les torpilles sans accident.

Restait un dernier chapelet de torpilles mouillées à l'extrémité de la
rade où la flotte ennemie chargeait ses accumulateurs d'électricité. Le *Cyanure
de Potassium* réussit à s'approcher inaperçu ; Molinas cette fois n'enleva point
les torpilles, il avait un autre plan : il coupa le fil ennemi et rattacha le chapelet de
torpilles à sa batterie électrique. Et caché dans un trou de rochers, respirant par un
tube à air, le *Cyanure* attendit le moment où enfin la flotte ennemie se présenta dans
la passe pour prendre le large.

— Allez ! dit Molinas à son électricien.

Les torpilles jouèrent, sept moniters se dispersèrent en miettes dans le ciel avec
une gigantesque trombe d'écume, cinq ou six autres furent jetés à la côte gravement

avariés. Quelques monitors de l'avant-garde avaient passé ; le brave *Cyanure de Potassium*, quittant son abri, s'élança et porta sa torpille dans le flanc d'une grosse bombarde.

Ce fut son dernier exploit : l'avant de la bombarde, tombant sur le *Cyanure*, brisa son tube lance-torpilles et endommagea fortement ses propulseurs. Juste au moment où le *Cyanure* se trouvait ainsi désarmé, Molinas aperçut tous les éclaireurs et torpilleurs ennemis accourant sur lui furieux. Rusons ! se dit Molinas. Et, au lieu de fuir vers la haute mer, il fila vers la côte pour la longer en se dissimulant dans les rochers.

Le *Cyanure* se glissait dans les roches, bondissait dans les espaces plus largement ouverts, mais derrière lui, se rapprochant parfois, bondissaient aussi les torpilleurs ennemis. A la nuit tombante, le *Cyanure* échoua près de l'embouchure d'un fleuve.

Deux éclaireurs ennemis trop lancés touchèrent aussi et se brisèrent. Profitant du trouble, Molinas fit revêtir leurs scaphandres à ses hommes, pour tenter une dernière chance. Il était temps, les scaphandriers ennemis attaquaient déjà le *Cyanure* à coups de hache.

C'était la fuite, au fond de l'eau, dans l'inconnu. Les scaphandriers ennemis, après

un instant d'hésitation, avaient suivi Molinas et ses hommes qui se glissaient dans les roches visqueuses, et s'arrêtaient par moments pour envoyer à l'ennemi une balle de leurs carabines à air comprimé. Par un crochet dans une crique, Molinas réussit à gagner avec une certaine avance les eaux du fleuve.

Depuis neuf jours ils marchaient ainsi, tantôt sur la rive, tantôt dans le fleuve à la traversée des villes, poursuivis par la cavalerie lancée sur leurs traces, perdus ou repoursuivis, lorsqu'un jour Molinas entendit les coups sourds du canon ; les eaux sont bonnes conductrices du son ; on devait se battre à quelque vingt-cinq lieues, donc on allait retrouver l'armée française !

— En avant, Cornediable !

Encore trois jours de marche forcée. Ils redoublent de prudence et traversent sans encombre plusieurs corps d'armée ennemis. Enfin Molinas reconnaît les uniformes, et, dans la fusillade, au beau moment d'un enga-

gement sur les rives du fleuve, Molinas et ses scaphandriers apparaissent aux soldats étonnés.

— Qu'est-ce que ces hommes? demanda le général occupé à téléphoner des ordres.

— Bravo ! dit le général lorsque Molinas eut expliqué sa présence, mais avant de gagner l'ambulance, j'ai encore besoin de vous.

— Je suis prêt ! répondit Molinas.

— Vous allez rentrer dans l'eau ! — J'y vais ! dit Molinas.

— Vous allez descendre le fleuve avec vos hommes ; à une lieue d'ici vous trouverez les premières lignes ennemies, vous passerez ! Plus loin l'ennemi a ses grandes locomotives

blockhaus en batterie, vous passerez sous leur feu.....
Plus loin encore, vous trouverez les fils téléphoniques établissant les communications entre l'aile gauche ennemie, que je vais maintenir par une forte diversion, et l'aile droite, que je vais écraser..... Vous couperez ces fils, puis vous repasserez sous le feu des locomotives, et viendrez me rendre compte de l'opération ! Allez !
Molinas était déjà parti.

VIII

LE VOLTIGEUR AÉRIEN N° 39

Molinas, ayant heureusement accompli sa mission, reparut avec deux blessures de plus. Il entra aussitôt à l'ambulance et fut peu après évacué sur les hôpitaux français. Trois semaines après, comme il achevait sa convalescence, il reçut l'ordre de rallier l'escadre aérienne pour prendre le commandement du *Voltigeur aérien n° 39*.

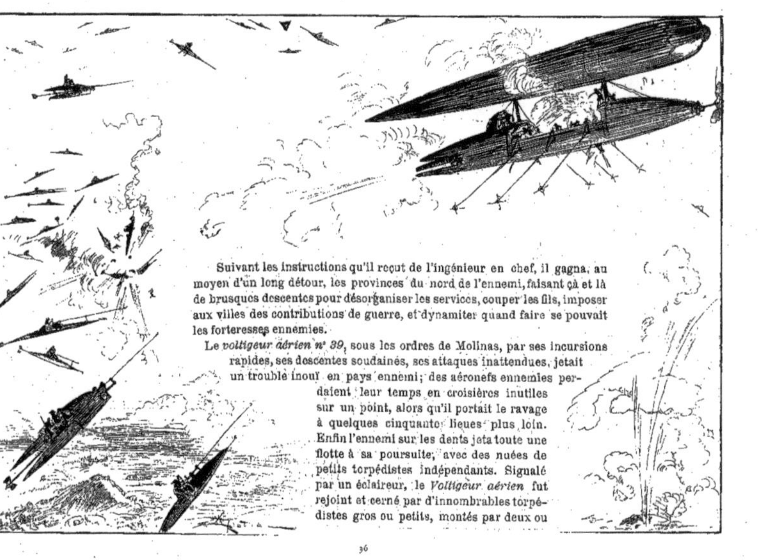

Suivant les instructions qu'il reçut de l'ingénieur en chef, il gagna, au moyen d'un long détour, les provinces du nord de l'ennemi, faisant çà et là de brusques descentes pour désorganiser les services, couper les fils, imposer aux villes des contributions de guerre, et dynamiter quand faire se pouvait les forteresses ennemies.

Le *voltigeur aérien n° 39*, sous les ordres de Molinas, par ses incursions rapides, ses descentes soudaines, ses attaques inattendues, jetait un trouble inouï en pays ennemi; des aéronefs ennemies perdaient leur temps en croisières inutiles sur un point, alors qu'il portait le ravage à quelques cinquante lieues plus loin. Enfin l'ennemi sur les dents jeta toute une flotte à sa poursuite, avec des nuées de petits torpédistes indépendants. Signalé par un éclaireur, le *Voltigeur aérien* fut rejoint et cerné par d'innombrables torpédistes gros ou petits, montés par deux ou même six hommes. Molinas comprit que l'audace seule pourrait le sauver. Il attaqua lui-même, passant à tous risques par une charge à fond à travers les torpédistes, et prit chasse devant l'escadre.

— Cornediable ! se dit Molinas, s'il n'y a plus rien à faire par ici, je vais surprendre leurs colonies !

Et, favorisé par une bourrasque, il fila droit sur le sud, suivi seulement par quelques torpédistes acharnés qui avaient deviné son projet et s'efforçaient de le gagner de vitesse. Molinas ne se laissa pas dépasser ni surprendre; rasant avec eux, il parvint à démonter les torpédistes l'un après l'autre. Mais, dans une tentative désespérée du dernier des torpédistes, le *Voltigeur 39* cut la tige du propulseur froissée et son gouvernail brisé. Les colonies ennemies étaient sauvées. Ces avaries forcèrent Molinas à descendre s'échouer

dans un site boisé sur le bord d'un fleuve, qu'en faisant le point il reconnut être le Nil Blanc, à quelques centaines de lieues de la Belgique africaine, de l'empire des lacs, du royaume français du Congo et des colonies américaines.

Molinas travaillait aux réparations du *Voltigeur 39*, lorsque tout à coup des animaux sauvages, attirés par l'odeur de chair fraîche, vinrent considérablement gêner les travailleurs. Désagréable tête à tête ! Une famille de lions, un rhinocéros et son épouse, quelques serpents variés et toute une tribu d'alligators !

Trop de gibier! s'écria Molinas en battant en retraite vers l'arrière.

Le propulseur, pour le moment démonté, ne pouvait plus agir, le *Voltigeur 39* était condamné à l'immobilité. Et l'envahissement continuait toujours; lions et crocodiles redoublaient d'indiscrétion.

— Choisissez selon vos goûts, vous avez l'embarras du choix! dit le lieutenant de Molinas qui avait la plaisanterie lugubre, préférez-vous l'estomac d'un lion où le ventre d'un crocodile?

— Allons donc! s'écria Molinas, j'ai dit que tout ça n'était que du gibier!... N'avons-nous pas encore une provision d'acide sulfurique? Aux soutes!

A grand'peine, on parvint à monter sur la plate-forme d'arrière une bonbonne d'acide ainsi qu'une pompe à main, et la défense s'organisa. Molinas commença par faire goûter une torpille au stupide rhinocéros qui menaçait de détériorer le *Voltigeur*. Cette pastille violente le fit éclater en quinze morceaux, ce qui parut surprendre énormément madame son épouse. — En désirez-vous une aussi, chère Madame ? dit gracieusement Molinas.

Au moment où lions, serpents et crocodiles, s'avançaient vers le refuge de Molinas et de ses hommes, la pompe joua ! Un jet

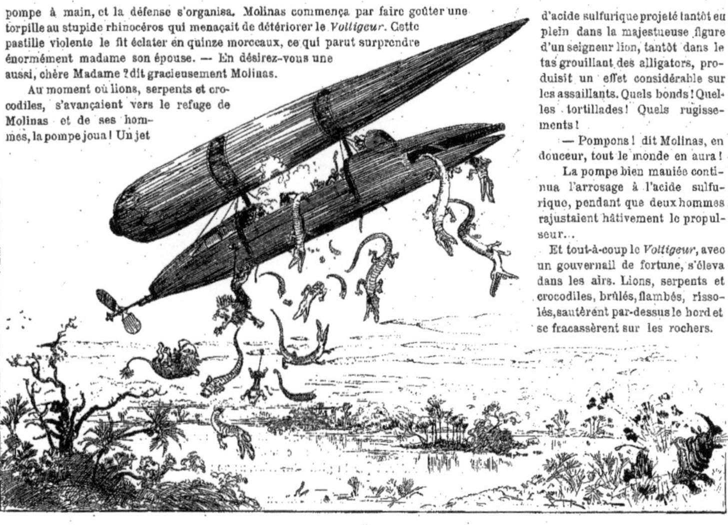

d'acide sulfurique projeté tantôt eu plein dans la majestueuse figure d'un seigneur lion, tantôt dans le tas grouillant des alligators, produisit un effet considérable sur les assaillants. Quels bonds ! Quelles tortillades ! Quels rugissements !

— Pompons ! dit Molinas, en douceur, tout le monde en aura !

La pompe bien maniée continua l'arrosage à l'acide sulfurique, pendant que deux hommes rajustaient hâtivement le propulseur...

Et tout-à-coup le *Voltigeur*, avec un gouvernail de fortune, s'éleva dans les airs. Lions, serpents et crocodiles, brûlés, flambés, rissolés, sautèrent par-dessus le bord et se fracassèrent sur les rochers.

XI

BATAILLES AÉRIENNES

Le *Voltigeur 39* rejoignit la flotte aérienne au-dessus de la Méditerranée. Comme le temps pressait, l'ingénieur amiral, après avoir félicité Molinas, l'envoya immédiatement à l'avant-garde.

D'après ses instructions, l'avant-garde devait signaler la flotte ennemie sans engager le combat. Néanmoins, pendant sa deuxième nuit de croisière, le *Voltigeur* naviguant à grande hauteur dans un amoncellement de nuages enleva par surprise, en se laissant tomber sur elle, une grosse bombarde ennemie.

Après avoir conduit sa prise à l'arsenal aérien d'Antibes, Molinas repartit à toute vitesse. La flotte ennemie était signalée, une des plus grandes batailles aériennes du siècle allait s'engager. Le *Voltigeur* prit sa place de combat à l'extrémité de l'aile gauche et Molinas, la main sur les boutons électriques, chercha de l'œil un ennemi digne de lui.

Quelle bataille! Quels abordages! Quels éventrements! Quelles chutes des hauteurs du Ciel dans les profondeurs marines! Quel héroïsme de part et d'autre! Longtemps indécise, la victoire penchait de notre coté, lorsque dans le ciel depuis longtemps menaçant, se déchaîna une effroyable tempête. Prises dans le tourbillon, les deux flottes toujours combattant furent emportées par delà Gibraltar, au-dessus do l'Atlantique en fureur!

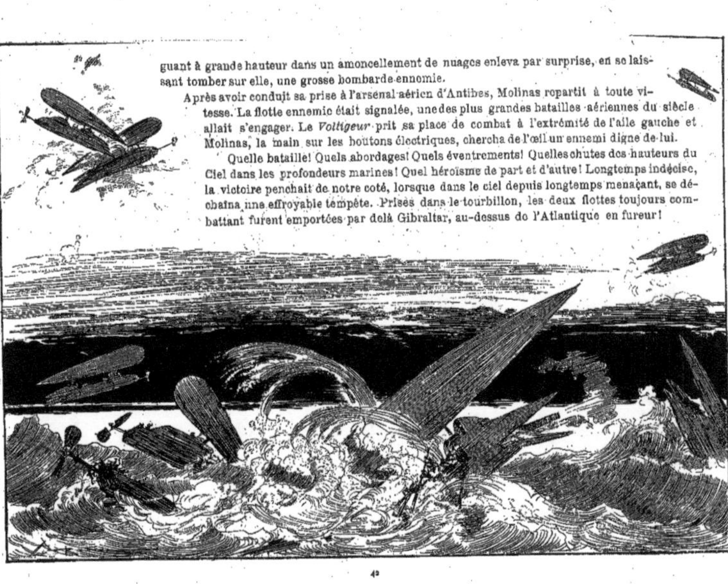

42

Pendant trois jours les aéronefs survivantes volèrent portées sur les ailes de la tempête. On s'entrevoyait à travers deux nuages, on se canonnait, on se perdait de vue. Tout à coup le vent tomba, et non-loin entre le bleu du ciel et le vert de la mer apparurent les côtes d'Amérique.

— Le Mexique! dit Molinas en faisant le point.

Il regarda derrière lui. Une seule aéronef ennemie

était encore visible. Les deux aéronefs éprouvées par la bataille et par la tempête gouvernaient très mal. Toutes deux avaient absolument besoin de descendre à terre pour réparer leurs avaries, mais auparavant toutes deux voulaient encore combattre.

Molinas pointa lui-même sa pièce et eut la chance d'envoyer un premier projectile en plein dans la coque de l'ennemi.

Le canon grondait sans interruption, les deux aéronefs tournaient, viraient, s'élevaient et plongeaient ensuite pour tacher de se prendre en flagrant délit de fausse manœuvre. Le combat les avait conduites au dessus d'une grande ville mexicaine dont les habitants suivaient avec anxiété les péripéties du combat. Déjà quelques projectiles avaient atteint la ville, des accidents graves étaient à déplorer, trois maisons avaient sauté.

Enfin un obus mieux dirigé traversa l'aéronef ennemie de part en part, elle cessa de gouverner et tomba lentement ; négligeant alors toute précaution, elle envoya

coup sur coup une douzaine
de projectiles au *Voltigeur 39*.
Alors un immense cri d'horreur s'éleva de terre ; dans un
nuage de fumée, les deux aéronefs apparurent tour-
noyant et s'abattant sur la ville.

Chute effroyable, épouvantable écrasement ;
avec un bruit de tonnerre, l'aéronef ennemie tomba
à pic sur un monument et disparut sous les décom-
bres, pendant que le *Voltigeur* ralentissant sa chute
et décrivant une courbe, pénétrait avec une douceur relative, la pointe en avant, dans un pâté de
maisons élégantes.

Tout craqua, le toit perforé s'ouvrit, l'avant du
Voltigeur, après avoir passé à travers trois plafonds
et brisé toutes les cloisons, s'arrêta enfin au rez-de-
chaussée d'un immeuble de belle apparence, dans
un délicieux appartement, sur les meubles duquel
Molinas, couvert de gloire et de contusions, vint
tomber évanoui.

45

le père de Dolorès, en habit noir, vint proposer à Fabius d'entrer dans sa famille, comme il était entré dans sa maison.

Le commandant du *Voltigeur 39* était libre. Le téléphonographe annonçait aux six parties du monde qu'une paix glorieuse venait d'être signée...

Et voilà comment mon ami Fabius Molinas, guéri et marié, reprit triomphalement quelque temps après le chemin de la France, sur le *Voltigeur 39* réparé, ravitaillé et joyeusement pavoisé.

La demoiselle de la maison, une charmante senorita de la haute aristocratie mexicaine, gisait évanouie de peur à coté de Molinas presque mourant.

Elle revint à elle la première. Les secours s'organisaient. Dolorès, la jeune mexicaine, ne voulut laisser à personne le soin de soigner le héros entré avec effraction dans sa chambre... et probablement aussi dans son cœur.

Quinze jours après, quand Molinas, devenu le lion de la ville, fut presque en convalescence,

TABLE

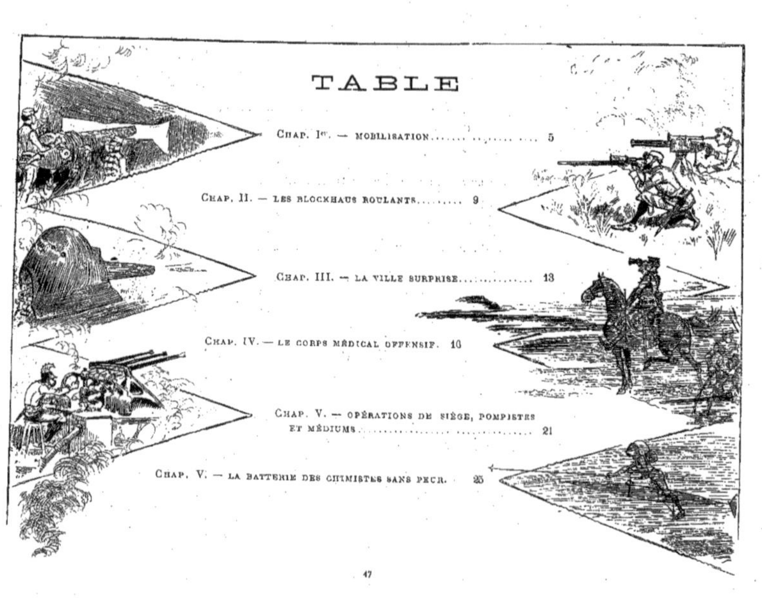

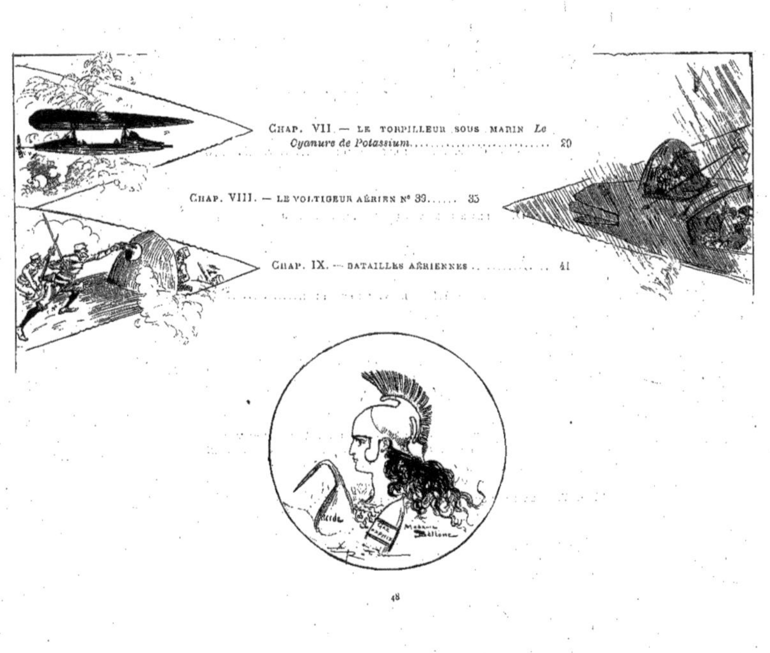

48

9 782